AF247129

DE L'IMPOSSIBILITÉ

D'ÉTABLIR

UN GOUVERNEMENT

CONSTITUTIONNEL

SOUS UN CHEF MILITAIRE,

ET PARTICULIÈREMENT SOUS NAPOLÉON.

Par M. COMTE.

A PARIS,

Chez les Marchands de Nouveautés.

1815.

DE L'IMPOSSIBILITÉ

D'ÉTABLIR

UN GOUVERNEMENT CONSTITUTIONNEL,

SOUS UN CHEF MILITAIRE, ET PARTICULIÈREMENT SOUS NAPOLÉON.

JE suis étranger à la famille de Bonaparte comme à celle des Bourbons, et je n'aspire pas plus aux bonnes grâces de Louis XVIII que je n'ai aspiré aux faveurs de Napoléon. Lorsque celui-ci monta sur le trône, je dis avec franchise ce que je pensais de lui, et jamais il n'y serait parvenu si chacun eût exprimé son opinion avec le même désintéressement et la même liberté. J'ai encore parlé de lui quand il a été déchu; mais, en cela, je n'ai fait que répéter ce que j'avais dit assez publiquement, lorsqu'il jouissait d'une puissance sans bornes ; et si dans mes écrits j'ai quelquefois blâmé son administration , c'est moins pour satisfaire une haine , qui s'était éteinte avec son pouvoir, que pour préserver, s'il était possible, le nouveau gouvernement des mêmes erreurs.

Lorsque les armées coalisées sont entrées dans Paris , je n'ai senti que le bonheur d'être délivré d'un gouvernement qui n'était plus supportable que pour des automates ou pour des ames vénales et corrompues. Je n'avais pu prendre aucune part aux troubles de la révolution , et je ne craignais aucune vengeance ni pour moi ni pour les miens : je n'avais pas à craindre non plus qu'on me reprochât d'avoir loué un homme dont l'audace m'a souvent étonné, mais que je n'ai jamais pu estimer. Enfin, je n'avais ni biens confisqués à réclamer, ni prétentions d'émigrés à repousser. J'étais donc parfaitement désintéressé dans l'élection que le sénat et le corps législatif devaient faire d'un chef ; et si aucun motif personnel ne me faisait désirer le retour des Bourbons, je n'avais aucune raison pour désirer leur exclusion.

Le frère de Louis XVI est monté sur le trône : une charte a été promulguée, et aussitôt elle a été attaquée de toutes parts. Les uns ont prétendu que la forme dans laquelle elle avait été donnée était vicieuse ; les autres en ont critiqué les dispositions ; un troisième parti, tout en soutenant le pouvoir absolu des rois, a protesté côntre elle, sur le fondement que Louis XVIII n'avait pas eu le droit de nous la donner ; enfin, un quatrième, et c'est ici le plus dangereux, l'á attaquée d'une manière plus efficace par des actes d'autorité.

Toujours animé des mêmes sentimens qui m'avaient rendu le gouvernement impérial odieux, et craignant de voir détruire un acte duquel dépendaient la liberté et la prospé-rité de la France, j'ai osé en prendre la dé-fense. Un autre l'aurait défendu avec plus de talent, cela n'eût pas été difficile ; j'ose dou-ter s'il l'aurait défendu avec plus de zèle et plus de bonne foi. Ce travail aurait excédé mes forces. M. Dunoyer, qui n'était pas

moins fatigué que moi du despotisme impérial, a bien voulu joindre ses efforts aux
miens ; et c'est à cette réunion qu'il faut
attribuer des ouvrages dont le succès est allé
au-delà de nos espérances.

On demandera sans doute à quoi bon ce
préambule. Le voici. Lorsque, après une longue révolution, le calme commence à se rétablir, il faut se mettre en garde contre les
fourbes de toutes les espèces. Les uns, et ce
ne sont pas les moins dangereux, épient les
passions des hommes qui gouvernent, et font
tous leurs efforts pour les perdre, en les
poussant à des excès. Les autres, après avoir
été les suppôts de la tyrannie, se voyant re-
poussés par le nouveau gouvernement, de-
viennent tout-à-coup les partisans de la liberté; ils s'élèvent contre les actes arbitraires,
et profitent des fautes ou des erreurs de l'autorité pour exciter de nouveaux troubles et
ramener le peuple sous le joug du despotisme.

Mais si des tartufes politiques tiennent le
même langage que les écrivains désintéressés
qui ne désirent que le maintien des lois, et

qui, en se plaignant des injustices, n'ont pour objet que d'en obtenir la réparation ou d'en prévenir le retour, comment les distinguera-t-on les uns des autres ? C'est en comparant leur ancienne conduite avec leur doctrine ; c'est surtout en les regardant agir dans les circonstances difficiles.

Lorsque des hommes ont traversé en silence le règne d'un despote effréné qui ne refusait rien à ses lâches adulateurs, ou qu'ils n'ont élevé la voix que pour la défense de la liberté, on doit croire que s'ils critiquent des actes de l'autorité sous un gouvernement devenu plus modéré, ils n'ont pas pour objet de renverser les lois qui les protégent ; on doit croire surtout qu'ils n'ont pas l'intention de rappeler le despote sous lequel ils ont gémi, pour attenter à un gouvernement sous lequel ils se trouvent heureux de vivre.

Que si, par des événemens imprévus, le repos public est menacé, ou si la sûreté du gouvernement se trouve compromise, de tels hommes ne profitent pas des fautes ou des erreurs de l'autorité pour agiter ou pour aigrir les esprits ; ils abandonnent au contraire

toutes les discussions qui serviraient de pré-
texte aux malveillans pour exciter le mécon-
tentement public, et se rallient franchement
à tous ceux qui veulent défendre le gouvernement et la liberté de leur pays, quelle que
soit d'ailleurs la différence de leurs opinions
ou de leurs intérêts.

J'ai cru devoir entrer dans ces détails pour
qu'on ne fût pas tenté d'attribuer à la faiblesse ou à la corruption ce que j'ai à dire
sur les circonstances actuelles. Des journalistes nous ont grossièrement insultés ; ils
nous ont présentés au public comme des partisans, comme des complices de Bonaparte.
Cette accusation, qui ne serait qu'absurde
dans toute autre occasion, est une calomnie atroce dans la circonstance actuelle ;
mais il faut bien que les lâches adulateurs de
notre dernier tyran vengent leur ancien maître des vérités que nous lui avons dites. Au
reste, les injures ou les menaces de quelques
libellistes patentés ne nous en imposeront pas;
et, soit que les ennemis de notre liberté se
cachent sous la bure, soit qu'ils arrivent
comme des flibustiers, qu'ils nous menacent

de leurs rapières, ou qu'ils rédigent la Quotidienne, nous les repousserons avec la même
énergie. Nous regrettons seulement que la
certitude que cet écrit passera sous les yeux
de la censure, nous oblige de tenir un langage
plus sévère que la circonstance n'exigerait.

Bonaparte, déposé par les représentans de
la nation pour avoir anéanti toutes nos libertés après avoir juré de les défendre, vient de
rentrer en France : il veut, à l'aide d'une armée de rébelles ou de traîtres, renverser un
gouvernement qui nous a rendu les droits que
lui-même nous avait enlevés. Je ne veux pas
faire sentir ici la criminalité d'un tel projet ;
je ne veux pas non plus examiner s'il est licite
à chacun de prendre dans cette circonstance
le parti qui lui paraît convenable. Je croirais
faire à nos armées l'injure la plus sanglante ;
si je supposais qu'il est parmi elles des soldats assez stupides ou assez atroces, pour
mettre la France aux enchères, et livrer leur
patrie aux fureurs d'un despote qu'elle a re-
poussé de son sein : je croirais également faire
un outrage à la raison des Français, si je pensais avoir besoin de leur démontrer qu'il

n'appartient à aucun de nous de prononcer sur le sort du gouvernement légitimement établi, et de rompre le pacte qui nous lie mutuellement ; j'ai dit ailleurs que tout individu qui attentait au gouvernement fondé sur les lois de son pays, était un brigand digne du dernier supplice, et l'on conçoit bien que l'apparition de Bonaparte sur notre territoire ne m'a pas fait changer d'opinion.

L'objet que je me propose est d'examiner si notre liberté peut être compromise par le gouvernement actuel ; et si nous serions capables de la maintenir sous le gouvernement de Napoléon. Ainsi ce n'est point de l'intérêt de telle ou telle famille que nous devons nous occuper ; c'est de l'intérêt de chacun de nous ; c'est de la sûreté de nos biens, de nos personnes, de nos lois ; en un mot de notre liberté.

Les hommes ne tirent pas des moyens d'existence de leur gouvernement ; c'est au contraire avec le produit de leur travail ou de leur industrie qu'il a les moyens de se maintenir. Ceux-là se tromperaient donc étrangement qui croiraient que le meilleur des gouvernemens est celui qui distribue le plus de pensions, de places ou d'honneurs. Vespasien a moins donné que Néron ; cependant quel est celui qui, au règne du père de Titus, préférerait le règne de ce monstre qui étouffa sa mère? Les gouvernemens par eux-mêmes ne produisent rien ; ils ne donnent que ce qu'ils ont déjà reçu.

Mais si la fonction des gouvernemens n'est pas de produire, à quoi donc se réduit-elle? A assurer à chacun l'inviolabilité de sa personne, le libre exercice de ses facultés en tout ce qui ne nuit point à autrui, et la jouissance ou la disposition paisible de ses propriétés. Partout où l'homme trouve de semblables garanties, il est aussi heureux qu'il puisse l'être, il est libre. Partout où l'une d'elles vient à lui manquer, il est nécessairement malheureux, il est esclave.

Entre deux gouvernemens, celui-là donc est toujours préférable qui donne le plus de garanties aux gouvernés, et qui a le moins de moyens de leur enlever les droits qu'il leur a garantis. Cela posé, il s'agit de savoir qui de Louis XVIII ou de Bonaparte nous a donné le plus de garanties, et qui des deux aurait le plus de moyens de nous enlever nos droits, s'il en avait la volonté.

La sûreté de nos personnes repose sur deux choses : sur l'indépendance des tribunaux, et sur la responsabilité des ministres. Par l'indépendance des tribunaux, nous avons la certitude que nous ne serons pas condamnés à des peines arbitraires. Par la responsabilité des ministres, nous sommes à l'abri des arrestations ou des détentions illégales.

Or, sous le règne de Louis XVIII, les tribunaux seront-ils indépendans ? Oui, car l'article de la charte porte que tous les juges sont inamovibles. Il est vrai qu'ils n'ont pas encore tous été institués, et c'est sans doute une grande faute de la part du ministère. Mais nous ne devons pas confondre un mal passager, et qui ne peut être de longue durée avec celui qui résulte d'une constitution essentiellement vicieuse, et dont on n'aperçoit pas le terme.

Sous le gouvernement impérial, au contraire, les juges n'étaient inamovibles qu'après cinq années d'exercice ; et il fallait encore qu'ils eussent obtenu une institution qu'on retardait arbitrairement ; de sorte que les tribunaux n'étaient que des commissions permanentes dont le gouvernement pouvait disposer d'une manière arbitraire.

La première des bases de la sûreté individuelle n'avait donc aucune stabilité sous Napoléon ; et la seconde, qui consiste dans la responsabilité des ministres, était encore plus illusoire. Il ne suffit pas, en effet, pour que les ministres soient responsables, que des lois prononcent des peines contre les délits qu'ils peuvent commettre ; il faut en outre que chacun puisse dénoncer ces délits, et qu'il existe des corps constitués pour les juger.

Dans l'état actuel de notre législation, les ministres sont déclarés responsables ; mais aucune loi ne détermine encore les cas où la responsabilité peut avoir lieu ; il est malheureux sans doute que le projet de loi, présenté par la chambre des députés, n'ait pas encore été adopté ; mais le retard, qui a été mis dans la confection de cette loi, n'est pas plus la faute du roi qu'il n'est la faute des chambres qui n'en ont fait la demande qu'au moment où la session allait être ajournée.

Ajoutons que la responsabilité des ministres consiste moins dans le droit de les juger que d'en celui d'exposer aux yeux du public les fautes de leur administration; et que, chez un peuple éclairé, la censure ou l'improbation publique est une peine qui tôt ou tard finit par amener l'expulsion de tout ministre qui se montre indigne de la confiance du roi. Sous ce rapport, on peut dire que les ministres sont actuellement responsables ; car je ne crois pas qu'il existe des actes susceptibles d'exciter des réclamations dont l'injustice n'ait été mise au jour. La liberté de la presse n'est pas entière, il est vrai; mais enfin elle existe en partie, et c'est beaucoup, sur-tout lorsqu'on a la certitude que, dans peu de temps, elle n'éprouvera plus d'entraves.

Sous le gouvernement impérial, la responsabilité des ministres avait aussi été reconnue en principe; mais, quoique Napoléon eût régné douze ans, il n'avait jamais présenté aucune loi pour déterminer les cas dans lesquels ses agens seraient responsables. Le corps législatif, qui seul avait le droit de les accuser, avait été rendu muet; et, quoique les ministres ou leurs agens aient exercé des vexations, ou fait des actes arbitraires inouis, il est sans exemple qu'un seul de ces actes ait été publiquement attaqué par la voie de l'impression. Il n'existait donc aucune espèce de responsabilité, pas même celle qui résulte de la censure publique.

Ainsi, non-seulement les citoyens pouvaient être traduits devant des commissions qu'on décorait du nom de tribunaux ; ils pouvaient même être arrêtés et détenus arbitrairement pendant un temps indéfini. Buonaparte avait tellement dépouillé toute pudeur à cet égard, qu'il avait en quelque sorte organisé les détentions arbitraires, par son décret du 30 mars 1810. Voici les motifs de ce décret; ils mériteraient d'être gravés sur l'airain pour perpétuer le souvenir de sa tyrannie.

« Considérant, dit-il, qu'il est un certain » nombre de nos sujets détenus dans les

» prisons d'état, sans qu'il soit *convenable*
» *ni de les faire traduire devant les tri-*
» *bunaux, ni de les faire mettre en liberté;*
» que plusieurs ont, à différentes époques,
» attenté à la sûreté de l'état ; qu'ils seraient
» condamnés par les tribunaux à des peines
» capitales mais que des considérations su-
» périeures *s'opposent à ce qu'ils soient mis*
» *en jugement ;* que d'autres, après avoir
» figuré comme chefs de bandes dans les
» guerres civiles, ont été repris de nouveau
» en flagrant délit, *et que des motifs d'in-*
» *térêt général défendent également de les*
» *traduire devant les tribunaux ;* que plu-
» sieurs *sont des voleurs de diligence* ou
» des hommes *habitués au crime* que nós
» cours *n'ont pu condamner ,* quoiqu'elles
» eussent la certitude de leur culpabilité;
» qu'un certain nombre ayant été employé
» par la police , en pays étranger , et lui
» ayant manqué de fidélité, *ne peut être ni*
» *élargi, ni traduit devant les tribunaux ,*
» sans compromettre le salut de l'état; enfin,
» que quelques-uns, appartenant aux différens
» pays réunis, sont des hommes dangereux

» *qui ne peuvent être mis en jugement,*
» parce que leurs délits sont *politiques ou*
» *antérieurs à la réunion,* et *qu'ils ne pour-*
» *raient être mis en liberté* sans compro-
» mettre l'intérêt de l'état. »

Voilà de quelle manière on pourvoyait,
sous le gouvernement impérial, *à la sûreté*
des citoyens. Si un homme déplaisait à l'empereur, à un ministre ou à un commis de
ministre, on l'enlevait au sein de sa famille,
et on le plongeait dans un cachot. Si cet
homme réclamait l'intervention de la justice, on lui répondait, en vertu du décret
impérial, *qu'il n'était convenable ni de le*
faire traduire devant les tribunaux, ni de
le faire mettre en liberté; qu'il avait attenté
à la sûreté de l'état, ou *qu'il était chef de*
bandes, voleur de diligences, habitué au
crime, espion infidèle, homme dangereux,
ou coupable d'un délit politique. C'est en vain
que le malheureux assurait qu'il était victime
de la calomnie, et qu'il se justifierait devant les
tribunaux. Non, lui disait-on, vous ne serez
pas jugé, *des considérations supérieures*
s'y opposent; d'ailleurs, si vous l'étiez, vous

seriez infailliblement fusillé, et c'est pour votre intérêt que nous vous laisserons pourrir au fond d'un cachot.

Et remarquons bien que si, sous le gouvernement impérial, il n'existait aucune sûreté individuelle, ce n'était pas un malheur qui fût le produit des circonstances; c'était un système de despotisme qu'on cherchait à établir ; et ce système se serait perpétué à jamais, si les hommes qui l'avaient trouvé n'avaient pas été renversés par l'effet d'une coalition qui probablement ne se renouvellera plus. Le bien le plus précieux de l'homme, la liberté, n'était donc qu'une chimère sous le dernier gouvernement. Le chef de l'état maintenait, il est vrai, la discipline parmi ceux qu'il appelait ses sujets, à peu près comme un pâtre maintient l'ordre dans son troupeau ; mais, du reste, chacun était exposé à tous ses caprices et à ceux de ses ministres, et la tranquillité dont ils nous faisaient jouir ressemblait à celle dont jouissaient les Grecs dans l'antre du cyclope, en attendant que leur tour vînt d'être dévorés.

Il est donc évident qu'on ne peut établir aucune comparaison entre la sûreté qui nous est garantie par le gouvernement actuel, et l'arbitraire auquel nous étions livrés sous le gouvernement impérial. Mais il reste à savoir si, sous le règne de Napoléon, les Français ne pouvaient pas exercer avec plus de sécurité leurs talens ou leur industrie que sous le régime que la charte a établi.

Il faut convenir d'abord que, pour tout ce qui tient aux arts purement mécaniques, les choses n'ont éprouvé d'autres changemens que ceux que devaient naturellement amener la paix. Mais pour tout ce qui est relatif aux siences morales ou politiques, nous avons éprouvé un changement considérable ; et il est telle feuille de journal imprimé sous la surveillance de la censure actuelle, qui renferme plus de vues utiles que toutes les feuilles qui ont été publiées depuis l'avènement de Napoléon jusqu'à sa déchéance.

Les plus nobles des facultés de l'homme n'éprouvent donc pas les mêmes obstacles qu'elles éprouvaient alors ; et cette différence doit produire des résultats incalculables sur la prospérité de la France. Ce n'est point, en effet, par les conquêtes que fait un peuple qu'il faut juger aujourd'hui de sa grandeur ou de ses richesses. Nous ne sommes plus à cet égard dans la même position que les anciens ; ceux ci s'enrichissaient par les esclaves qu'ils faisaient ou par les terres qu'ils enlevaient à leurs ennemis. Les peuples modernes, au contraire, ne connaissant plus l'esclavage domestique , et lorsqu'ils font des conquêtes, ils laissent à chacun les propriétés qu'il possédait au moment où son pays a été conquis ; d'où il suit qu'en général, la guerre est ausssi funeste aujourd'hui pour le vainqueur que pour le vaincu.

Ce qui fait la gloire et la prospérité d'un état, c'est la bonté de ses institutions et l'activité de son industrie. Or, un peuple ne peut avoir des institutions sages et libérales, il ne peut se livrer à une grande industrie qu'autant que les hommes peuvent donner à leurs facultés intellectuelles tous les développemens dont elles sont susceptibles ; et cela ne peut être ainsi qu'autant que l'art de penser et l'art d'écrire sont débarrassés de toute entrave. Le gouvernement de Bonaparte, qui ne permettait la publication d'aucune vérité utile, était donc essentiellement vicieux, et il aurait infailliblement amené la ruine de la France s'il avait encore subsisté quelques années. Mais peut-on faire le même reproche à celui sous lequel nous vivons ? Peut-on dire qu'il ait arrêté un ouvrage réellement utile ?

Il est un point sous lequel le gouvernement impérial paraîtrait avoir, au premier abord, un avantage sur le gouvernement actuel ; c'est la garantie des propriétés ci-devant nationales. On ne peut se dissimuler que certaines feuilles périodiques, telles que la Gazette de France, le Journal Royal et la Quotidienne, n'aient fait au gouvernement un mal prodigieux, en excitant la méfiance des propriétaires de domaines nationaux ; et les ministres qui ont toléré ces feuilles, pouvant les supprimer, ont de graves reproches à se faire. Mais cela suffit il pour faire croire que l'intention du gouvernement est de renverser la charte ? La Quotidienne a publié des articles détestables ; mais le Journal de Paris et le Journal Général en ont publié qui

2 *

étaient excellens ; et s'il fallait attribuer les uns ou les autres au gouvernement , pourquoi choisirait-on les premiers de préférence aux derniers ?

M. le comte de Saint-Simon vient de publier le prospectus d'un ouvrage ayant pour titre : *le Défenseur des propriétaires de domaines nationaux*. Ce prospectus a été soumis à la censure d'hommes que le gouvernement a institués. Hé bien ! ces hommes l'ont-ils arrêté ? S'ils laissent publier le prospectus , croit-on qu'ils arrêteront l'ouvrage ? Et s'ils ne l'arrêtent pas, peut-on supposer que le gouvernement en réprouve les principes ? On ne peut pas se dissimuler que dans quelque temps la presse ne soit parfaitement libre , et qu'alors chacun n'ait le droit de discuter toutes les questions qui sont relatives à la politique ou à la législation. Il faudra donc que les propriétaires de domaines ci-devant nationaux s'y habituent ; et qu'importe que la discussion commence aujourd'hui ou dans un an ?

Remarquons d'ailleurs que , quand même une famille étrangère à la dynastie des

Bourbons aurait été placée sur le trône , on n'en aurait pas moins discuté sur la légitimité des ventes des propriétés nationales si la presse avait été libre ; et il faut convenir que la sécurité des acquéreurs aurait été achetée trop chèrement, si elle avait exigé la suppression de la liberté de la presse ; car il aurait fallu établir un gouvernement éternellement despotique , et détruire la sécurité de tous , pour diminuer les craintes de quelques-uns.

Les discussions sur cette matière , bien loin d'être funestes aux propriétaires, doivent au contraire leur être utiles , par la raison qu'une bonne cause gagne toujours à être bien discutée. Les biens des religionnaires fugitifs ont été confisqués et vendus ; cependant , quoique leur cause fût plus belle que celle des émigrés, s'est-on jamais avisé de prétendre que les acquéreurs n'en étaient pas légitimes propriétaires ?

Je dis plus ; il est bon que les acquéreurs ne puissent trouver leur sécurité que dans le maintien de la charte ; parce qu'alors leur intérêt particulier se lie essentiellement à

l'intérêt public. Si tous les Français se trou-
vaient jamais dans la même position, le
gouvernement serait inébranlable, puisque
la charte, qui lui servirait de base, serait
pour chacun de nous un titre de famille.

Mais si les propriétaires de domaines nationaux ont eu quelques inquiétudes sur le
maintien de leurs acquisitions, il faut convenir que, sous les autres rapports, les propriétés n'ont jamais été mieux assurées qu'elles
ne le sont aujourd'hui. Quel est le préfet
qui s'aviserait actuellement de frapper son dé-
partement de contributions arbitraires ? Cependant n'avons-nous pas vu, sous le dernier
gouvernement, des ministres, des préfets, des
sous-préfets, et jusqu'à des maires , lever
arbitrairement des impôts ?

Si nous ouvrons le code des délits et des
peines promulgué sous le gouvernement impérial, nous n'y trouverons presque pas un
article qui ne prononce la peine de la confiscation, et qui ne punisse ainsi une famille
toute entière d'un crime auquel elle n'a pris
aucune part. *On objecte*, disait au corps législatif l'orateur de Bonaparte, *que la peine*

de la confiscation réfléchit sur des enfans qui peuvent n'être pas complices du crime de leur père : MAIS QUI DONC SOUFFRIRA POUR LES FAUTES DES PÈRES, SI CE NE SONT LES ENFANS?..... *Je ne dirai pas, qu'en rejetant la confiscation.... .il serait souvent fort à craindre qu'on ne laissât aux ennemis de la chose publique les moyens de lui nuire.* Ainsi l'on voit qu'après avoir puni un coupable, on avait besoin de trouver quelqu'un *pour le faire souffrir* d'un crime qui lui était étranger ; et que le fils dont le père était condamné, était lui-même considéré, de plein droit, comme un ennemi public qu'il fallait dépouiller, pour lui enlever, disait-on, le moyen de nuire.

Cette législation était au reste fort en harmonie avec le gouvernement qui existait alors. Montesquieu observe en effet que les confiscations sont utiles dans les gouvernemens despotiques. « Par là, dit-il, on con-
» sole le peuple ; l'argent qu'on en tire est
» un tribut considérable que le prince leverait
» difficilement sur des sujets abîmés : il n'y
» a même dans ce pays aucune famille qu'on
» veuille conserver.

» Dans les états modérés, ajoute le même
» écrivain, c'est toute autre chose. Les con-
» fiscations rendraient la propriété des biens
» incertaine; elles dépouilleraient des en-
» fans innocens ; elles détruiraient une fa-
» mille , lorsqu'il ne s'agirait que de punir
» un coupable. (1) »

La charte a aboli les confiscations, et elle
en a prohibé le rétablissement d'une manière indéfinie ; elle a ainsi prévenu pour
toujours l'expoliation des familles, ressource
ordinaire des tyrans qui, craignant le mécon-
tentement que produisent des impôts immo-
dérés, sacrifient des familles entières à leur
sûreté personnelle. Renversez la charte , et
vous détruirez d'un seul coup la sûreté de
vos personnes et de vos biens : vous pourrez
être réduits à la misère, enfermés dans des
cachots , livrés à des commissions , sans
qu'il vous reste même la ressource de vous
plaindre. Vous voudrez avoir recours à vos
représentans, mais vous ne trouverez que des
muets; vous voudrez appeler des défenseurs

____

(1) Esprit des lois , liv. 5 , chap. 15.

à votre aide, et ces défenseurs se trouveront à la disposition de vos oppresseurs; car vous n'ignorez pas que, sous le gouvernement impérial, les avocats, qui seuls ont le droit de parler devant les tribunaux, peuvent tous être privés de leur état par la volonté arbitraire d'un ministre (1).

Quelles garanties pouvions - nous donc avoir sous un tel gouvernement ? Etait-.ce la sûreté de nos personnes ? On pouvait nous enlever arbitrairement et nous enfermer dans des cachots, sans qu'il nous fût possible de nous plaindre, ni même de nous faire juger; on pouvait nous traduire devant des commissions nommées et révocables par nos propres accusateurs. Etait-ce le libre exercice de nos facultés qui nous était garanti? On avait fixé à notre intelligence des bornes qu'elle ne pouvait pas franchir; on faisait tout pour nous rendre stupides; et, par une absurdité digne de ce gouvernement, on avait posé en principe que, chez un homme éclairé et probe, l'usage du rai-

---

(1) Décret impérial du 14 décembre 1810.

sonnement était plus dangereux que l'arme la plus meurtrière dans la main d'un scélérat. Avions-nous du moins la garantie que nos propriétés étaient inviolables? Tous les agens de l'autorité s'arrogeaient le droit de lever des contributions ; la confiscation, abolie par la charte, était une peine qui s'appliquait à presque tous les délits ; et tous les courtisans proclamaient que le chef de l'état était le seul propriétaire qui fût en France. Comment d'ailleurs les propriétés auraient-elles été garanties, lorsque les juges chargés de prononcer sur toutes les contestations étaient des agens de l'autorité qui pouvaient être arbitrairement révoqués. Nous étions donc gouvernés aussi despotiquement que les Turcs ; et si la ressemblance n'était pas parfaite, cela tenait à une différence de mœurs qui aurait bientôt fini par disparaître.

On ne peut donc établir aucune comparaison entre le gouvernement impérial et le gouvernement actuel : sous le premier, nous étions soumis à un joug de fer ; sous le second, nous pouvons dire que nous sommes libres, et chacun peut défendre ses droits comme il le juge convenable. Je veux cependant supposer que les droits qui nous sont garantis par la charte, nous fussent également garantis par le gouvernement impérial ; je supposerai même, si l'on veut, que le gouvernement actuel n'est pas mieux disposé à respecter ou à faire respecter nos droits que celui qui a déjà été renversé ; alors il s'agira d'examiner les forces de l'un et de l'autre, et les moyens de résistance que nous avons contre les entreprises de tous les deux; et celui-là sera incomparablement le meilleur, qui sera le moins fort pour détruire notre liberté, et contre lequel nous aurons le plus d'armes pour la défendre.

Supposant, ce que je n'admets point, que les Bourbons aient l'intention de renverser la charte, ils seront soutenus par les prêtres, par les nobles anciens, émigrés ou non, et par les chouans ou par les vendéens. Pour arriver à leur but, les premiers n'auront pas sans doute recours à la force ; ils emploieront les discours publics, les menaces des peines éternelles, enfin, tous les moyens que le fanatisme et la crédulité leur présenteront. Mais avec quelles armes repousse-rons-nous leurs attaques ? S'ils font circuler une erreur, irons-nous nous armer de sabres et de baïonnettes pour la détruire ? Non, mais nous ferons usage de la liberté de la presse; nous nous servirons de cette arme terrible devant laquelle disparaissent les mensonges, les erreurs et les sottises de toute espèce. Nous n'opprimerons pas les hommes qui se trompent ou qui, pour leur profit, veulent tromper les autres ; nous éclairerons ceux qui pourraient être victimes de l'erreur; et certes, ce moyen sera plus efficace et plus noble que la violence qu'un tyran pourrait mettre en usage.

Observons d'ailleurs que cette influence du clergé, si terrible aux yeux des hommes qui désirent l'établissement d'un autre ordre de choses, est absolument nulle sur la classe éclairée du peuple ; et qu'elle diminue tous les jours à l'égard de la classe dans laquelle les lumières paraissent n'avoir pas pénétré. L'événement auquel a donné lieu le curé de Saint-Roch, il y a quelques jours, en est une grande preuve; pour le ramener à la tolérance, qui n'est pas moins prescrite par l'évangile que par nos lois, le peuple n'a pas eu besoin de savoir si telle ou telle bule avait force de loi en France ; il n'a consulté que son simple bon sens, et il a fait rentrer dans l'ordre un homme qui n'aurait pas dû en sortir.

Mais si, sur une chose qui paraissait ne pas l'intéresser, la classe la moins éclairée de la nation a si bien su réprimer l'intolérance des prêtres, croit-on qu'elle se montrerait moins raisonnable, si l'on s'avisait de lui prêcher la dîme, la féodalité ou la remise gratuite de biens qu'il a légitimement acquis ? Non, cela n'est ni possible, ni vraisemblable, sur-tout avec la liberté de la presse. Sans doute la religion conservera la juste influence qu'elle doit avoir sur le moral ; mais ses ministres perdront infailliblement celle qu'ils ont exercée autrefois et qu'ils voudraient peut-être exercer encore sur des matières de législation ou de politique.

Le premier moyen dont pourrait se servir le gouvernement actuel pour détruire notre liberté, et rétablir l'ancienne monarchie, est donc presque absolument nul , et tous les jours il s'affaiblira davantage. Le second n'est guère plus à craindre. Quels sont en effet les hommes qui désirent le retour de la féodalité, le rétablissement des priviléges et l'exclusion des quatre-vingt-dix-neuf centièmes de la nation de toutes les fonctions civiles et militaires? Ce sont quelques centaines d'hommes encroûtés de préjugés et d'ignorance, et répandus au milieu d'une immense population, à laquelle ils n'ont pu inspirer encore d'autres sentimens que le mépris ou la pitié ; et l'on craint que ceux qui n'ont aucune connaissance de nos lois, et qui ne peuvent acquérir la confiance de l'armée, parviennent à nous remettre en servitude ! en vérité, ceux qui s'imaginent qu'ils peuvent nous détacher du gouvernement en nous inspirant de pareilles craintes , nous supposent une bien grossière ignorance !

Quoi ! en 1789, la noblesse occupait toutes les places dans les administrations, dans les cours et dans l'armée ; le clergé comptait des corporations sur tous les points de la France. Ces deux classes jouissaient de tous les pri-

viléges , et possédaient des richesses im-
menses; et cependant, lorsque les députés du
peuple ont voulu opérer une réforme que
de longs abus avaient rendu nécessaire , les
classes privilégiées n'ont pu leur opposer que
de faibles obstacles ; pour conserver ce
qu'elles auraient dû abandonner, elles ont
perdu leurs priviléges, leurs titres, leurs
biens et leur patrie. Et l'on veut qu'aujour-
d'hui qu'ils n'ont aucun des moyens qu'ils
avaient alors ; aujourd'hui que leur nombre
est décru des neuf dixièmes, ils puissent re-
conquérir ce qu'ils n'ont pu conserver! Cela
est absurde, et il faut être bien faible d'esprit pour avoir de pareils craintes.

Quels seraient d'ailleurs les moyens par
lesquels ces hommes pourraient arriver à leur
but? Serait-ce par leur grands talens dans
l'art d'écrire ? Certes , il y a déjà bien du
temps qu'ils inondent le public de leurs écrits ;
et cependant nous ne voyons pas qu'ils soient
encore près d'opérer une révolution! Le mépris public qui poursuit les feuilles de la
Gazette de France , du ci devant Journal de
l'Empire ou de la Quotidienne, n'est-il pas

lui-même une preuve évidente de l'impuissance des hommes qui cherchent à égarer
l'opinion publique ; et y a-t-il quelqu'un dans
le monde qui connaisse l'existence du Journal Royal, s'il n'en a pas trouvé la révélation
dans quelques autres écrits ?

Il faudrait donc que ceux qui voudraient
renverser la charte, pour rétablir l'ancien
ordre de choses, employassent un autre
moyen. Mais comment s'y prendraient-
ils ? Ils s'abstiendraient sans doute de con-
voquer les chambres, et feraient rendre
des ordonnances pour la perception des impôts, et pour le recrutement de l'armée ; et
ces ordonnances, par quels moyens parvien-
drait-on à les exécuter ? Les émigrés, les
vendéens et les chouans se réuniraient-ils en
troupes, et parcourraient-ils la France comme
des garnisaires pour en assurer l'exécution,
et pour obliger chaque individu à payer la
dîme, ou à rendre foi et hommage à son
seigneur ? Cela ne serait pas facile, et je ne
voudrais pas répondre de la personne des
hauts et puissans seigneurs qui formeraient
une pareille coalition.

Le gouvernement emploierait-il l'armée à l'exécution de ce projet? Cela ne serait pas plus facile : premièrement, parce que le Roi ne peut pas la commander en personne; et en second lieu, parce que, dans ce cas, elle ferait elle-même partie du peuple contre lequel on voudrait la faire agir. Il est donc absolument impossible que le gouvernement actuel prenne aucune mesure efficace pour anéantir nos droits, et rétablir l'ancienne monarchie; il peut bien, avec le secours des deux chambres, les modifier momentanément, mais il ne saurait les détruire sans retour.

Cette impossibilité qui me paraît incontestable, deviendra évidente si l'on fait attention au grand nombre de citoyens qui sont personnellement intéressés au maintien de la charte. On compte près de dix millions d'individus dont la fortune repose sur le maintien des ventes des propriétés nationales ; si à ce nombre l'on ajoute les hommes éclairés qui connaissent les terribles effets du despotisme ; les généraux ou les officiers qui ne doivent leur élévation qu'à leur mérite, personnel ; enfin, les magistrats ou les administrateurs qui sont dans le même cas, on verra qu'il n'y a guère que des insensés qui puissent méditer le rétablissement de l'ancien ordre de choses.

De ce qui précède, il ne faudrait pas conclure que le gouvernement n'a point de force ; car l'impuissance de renverser les lois, bien loin de prouver sa faiblesse, est au contraire une preuve évidente qu'il a une puissance immense pour les faire exécuter. Dans ce cas, en effet, toutes les volontés concourent avec la sienne, et il est impossible que ces volontés réunies rencontrent un obstacle qu'elle ne puissent pas surmonter. Le gouvernement d'Angleterre est assurément le plus fort que nous connaissions ; cependant en serait-il un plus faible que lui s'il voulait renverser la constitution de l'état ?

Je crois avoir prouvé que, dans l'état actuel des choses, les Français jouissent d'une liberté individuelle aussi étendue que puissent le comporter les circonstances dans lesquelles nous nous trouvons ; qu'ils peuvent exercer sans obstacle leur intelligence sur toute espèce de matières, et que par conséquent les sciences et les arts ne peuvent que se perfectionner; que les propriétés de chacun sont aussi bien assurées qu'elles puissent l'être, puisque personne ne pourrait y porter atteinte impunément ; enfin, que sous le gouvernement impérial nous n'avions aucune de ces garanties, puisque nos personnes et nos propriétés étaient abandonnées à l'arbitraire du chef de l'état, et que bien loin de permettre le perfectionnement de notre intelligence , il ne songeait qu'à nous abrutir.

Je veux supposer cependant que les garanties que nous avons aujourd'hui nous fussent données par Napoléon, et je prouverai que, dans cette hypothèse, tous les droits qui nous seraient assurés nous seraient enlevés dès que le chef de l'état voudraient s'en donner la peine. Quelles sont en effet les armes que nous pouvons employer pour les conserver? Ce sont celles que fournit le raisonnement; mais ces armes, qui sont toutes puissantes quand il s'agit de combattre des erreurs ou des préjugés, restent sans force contre la violence et la stupidité ; et de même qu'il serait absurde de vouloir détruire des erreurs avec des baïonnettes , de même il serait absurde de vouloir arrêter des baïonnettes avec des vérités.

Or, comment Bonaparte s'y prendrait-il pour détruire nos libertés? Nous enverrait-il des orateurs ou des écrivains à gage pour nous tromper? Sans doute ; mais comme ces moyens seraient impuissans pour nous convaincre, il aura soin d'appuyer ses prédicateurs et ses journalistes de quelques milliers de baïonnettes et de quelques pièces de canon ; et comme il serait encore à craindre que la vérité mît quelque obstacle à ses desseins, il aurait soin de baillonner tous les hommes qui raisonnent, et obligerait tous les pères à donner à leur enfans des professeurs de bétise et de stupidité.

« C'est à l'idéologie, à cette ténébreuse
» métaphysique, nous répéterait-il, qui en
» cherchant avec subtilité les causes pre-
» mières, veut sur ses bases fonder la légis-
» lation des peuples..... *qu'il faut attri-*
» *buer tous les malheurs qu'a éprouvés*

» *notre belle France. Ces errreurs devaient*
» *et ont effectivement amené le régime des*
» *hommes de sang* » (1). Il crérait ensuite
quelques légions de censeurs ; il formerait
une triple ligue de douanes sur les frontières,
pour empêcher qu'aucune vérité ne puisse
pénétrer en France ; et enfin MM. de. . . . .
et de. . . . . . prêcheraient de nouveau les
mystères du pouvoir, dans un empire de
mensonge et de ténèbres.

Supposons Bonaparte sur le trône, à l'ins-
tant nous sommes placés dans une position
qui n'a rien de semblable, à celle où nous
nous trouvons. Les armées qui seraient un
obstacle insurmontable au rétablissement de
l'ancienne monarchie, se trouvent tout-à-
coup isolées du reste de la nation ; formées
à l'obéissance passive elles ne reconnaissent
d'autres lois que la volonté de leur maître,

____

(1) Journal de l'Empire (ou des Débats) du 22
décembre 1812. — La Quotidienne nous a donné der-
nièrement un petit commentaire de ce sublime pas-
sage ; et l'on a pu se convaincre que les disciples
n'avaient pas oubliés les leçons du maître.

ni d'autre intérêt que celui qui leur est personnel ; elles n'existent pas pour le salut de leur patrie, c'est au contraire leur patrie qui n'existe que pour elles ou pour le despote qui leur en partagera les dépouilles.

Dans une monarchie constitutionnelle le prince devant être inviolable, ne peut exercer par lui-même aucune partie du pouvoir exécutif ; il faut nécessairement qu'il le délègue, afin que la loi puisse trouver une personne responsable dans le cas où l'on en ferait un mauvais usage. Ainsi, le prince délègue au chancelier (ministre de la justice) les pouvoirs que la constitution lui défère relativement à l'ordre judiciaire ; au ministre de l'intérieur, les pouvoirs qu'il a sur l'administration intérieure du royaume ; et au ministre de la guerre, les pouvoirs qu'il a sur les armées. Ces ministres ont ensuite sous leur responsabilité des agens par lesquels ils font exécuter les lois.

Au moyen de ces mesures, le gouvernement jouit d'une stabilité constante, puisque le chef en est inviolable. De leur côté les citoyens jouissent de la plus grande sécurité et de la plus grande liberté possibles, puisque les agens de l'autorité ne peuvent leur faire aucun mal sans en être responsables. Mais détruisez cet ordre de choses, et supposez que le prince, sortant de la place que la constitution lui assigne, devienne en quelque sorte un agent du pouvoir exécutif; supposez, par exemple, qu'il aille se mettre à la tête des armées; il est évident que, dès ce moment, la constitution est renversée, et qu'il n'existe pour les citoyens ni sûreté ni liberté, puisque le prince, qui est inviolable et qui agit sans l'intermédiaire du ministre sur lequel la loi fait peser la responsabilité, peut impunément attenter à tous leurs droits.

Dans une telle position, le prince est pour ainsi dire hors de l'empire des lois; il peut opprimer les citoyens, renverser la constitution, détruire les armées par ses extravagances, et livrer l'État à des armées ennemies, sans qu'il soit possible de trouver quelqu'un sur lequel on puisse faire peser la responsabilité. Et, en effet, s'il se commet des actes attentoires à la liberté des citoyens ou à la sûreté de l'Etat, de qui se plaindra-t-on ? Du ministre ? Non, car il dirait avec raison qu'il est institué pour recevoir des ordres du prince, et non pas pour lui en donner. Se plaindra-t-on du prince qui aura fait mouvoir les armées ? Il dira qu'il est inviolable, et qu'il n'a pas de compte à rendre de sa conduite. Il est donc de la dernière évidence que tout état dont le chef commande les armées, est un état essentiellement despotique dans lequel on ne peut trouver ni sûreté, ni liberté.

Ainsi, quand même Bonaparte donnerait à la France toutes les garanties possibles ; quand même il établirait la constitution la plus forte que l'esprit humain puisse imaginer, il pourrait la renverser dès qu'il voudrait s'en donner la peine ; puisque, pour y parvenir, il n'aurait qu'à sortir du centre dans lequel la constitution l'aurait placé, et à devenir, en quelque sorte, l'agent de son propre pouvoir, en se mettant à la tête des armées. Il résulte de là que tout peuple qui veut être libre, ne doit jamais prendre pour chef un homme qui a l'habitude de commander les armées , sur-tout lorsque cet homme est parvenu à acquérir sur l'esprit des soldats un grand ascendant.

Les habitudes qu'un chef militaire est obligé de contracter aux armées , sont un nouvel obstacle à l'établissement d'un gouvernement légitime , c'est-à-dire , fondé sur les lois. L'obéissance militaire aux armées exclut presque toute espèce de raisonnement. Celui qui commande , bien loin d'exposer les motifs de ses ordres, est, au contraire, obligé de les cacher ; et ses soldats ne sont, en quelque sorte, que des machines de guerre , qui obéissent à une volonté qui leur est inconnue, à peu près comme l'aiguille d'une montre obéit au ressort qui la fait mouvoir.

Lorsqu'un homme a contracté l'habitude du commandement militaire, et qu'il parvient à s'emparer des rênes de l'état, il veut trouver dans les citoyens, dans les magistrats et jusque dans les représentans de la nation, la même obéissance qu'il a trouvée dans ses soldats. A ses yeux, la résistance à l'arbitraire est la même chose que la rébellion, et tout raisonnement est de l'insubordination ; l'obéissance passive, c'est-à-dire le despotisme absolu, est donc le principe fondamental de son gouvernement.

Ceci doit expliquer comment un homme qui avait combattu dans une guerre soutenue pour la défense de la liberté, a été ensuite le plus grand ennemi de la liberté d'un peuple qui lui avait confié généreusement la défense de ses droits; comment cet homme, qui n'avait pas osé détruire entièrement la représentation nationale, était parvenu à en faire une assemblée de muets ; comment il avait aneanti le tribunat qui avait le droit d'examiner les actes de son autorité; comment il avait fait adopter les principes de l'obéissance passive, par les corps mêmes que les lois avaient chargés d'annuller ses actes inconstitutionnels. « Le sénat, premier conseil de
» l'empereur, et *dont l'autorité n'existe que*
» *lorsque le monarque la réclame et la*
» *met en mouvement*, disait le comte Lacé-
» pède, est établi pour la conservation de
» cette monarchie et de l'hérédité de votre
» trône dans notre quatrième dynastie » (1).

____

(1) Discours du président du sénat à l'Empereur,

Ainsi la constitution avait créé le sénat pour annuller les actes illégaux de Bonaparte, et le président du sénat reconnaissait que l'autorité de ce corps n'existait qu'autant que Bonaparte la réclamait. Et cependant c'était à lui seul qu'était confié le soin de préserver les citoyens des arrestations arbitraires de la part du gouvernement ! c'était à lui qu'était confié le soin de faire respecter la liberté de la presse qu'un décret impérial avait anéantie !

Le retour du gouvernement impérial ne serait donc autre chose que le retour du despotisme le plus dur. Cependant Bonaparte ne prend, dit-on, que le titre de généralissime, et c'est à son fils qu'il veut laisser le titre d'empereur. Mais en supposant que ce ne soit pas là une de ces ruses grossières qu'on emploie pour tromper les peuples, je demande quel serait le rang de ce prétendu général au sein de l'Etat. Croit-on qu'il serait soumis aux ordres

---

Inséré dans le journal de l'Empire, du 22 décembre 1812.

ministre de la guerre , comme ils doivent tous
d'être quand il leur commande au nom des
lois ? S'il n'était pas soumis aux ordres du
ministre de la guerre , serait-il au-dessus de
lui , et dans ce cas, qui serait responsable
des actes qu'il ferait ? Serait-il ministre lui-
même , et comme tel , pourrait-on le ré-
voquer et faire peser sur lui la responsabilité , sans laquelle il ne peut exister ni
inviolabilité pour le roi , ni sûreté pour les
citoyens ?

Bonaparte réprimerait sans doute l'intolérance du clergé et la morgue de ces preux
chevaliers que le retour des Bourbons a fait
sortir de la poussière ; mais il ne les réprimerait que par la violence ou par la terreur
qu'inspire un despote ; et le même sentiment
de crainte qui imposerait silence aux uns et
aux autres , agirait avec la même force sur
les hommes qui peuvent éclairer leurs semblables : de sorte que la vérité serait com-
primée avec plus de violence encore que le
mensonge , puisqu'il rétablirait probablement toutes ces institutions par lesquelles il
avait cru pouvoir nous rendre stupides.

Cependant comme les despotes ne sont pas plus immortels que les autres hommes, il viendrait un temps où il cesserait d'être à craindre ; les hommes qu'il aurait comprimés sans les éclairer reparaîtraient alors avec toute leur ignorance et tout leur orgueil ; il y aurait seulement cette différence que la génération qui se serait formée sous son règne, et qu'il aurait rendu stupide et rampante, serait beaucoup mieux disposée à recevoir toutes les sottises qu'on voudrait lui débiter, et à supporter l'insolence des anciens ou des nouveaux parvenus. Ainsi, en voulant comprimer le mal, l'on ne ferait que l'aggraver au lieu de le détruire.

Les propriétaires de domaines nationaux auraient quelques inquiétudes de moins, ou plutôt leurs inquiétudes seraient moins sensibles, parce qu'elles deviendraient générales. On ne craindrait pas de se voir dépouiller de son champ, s'il n'était pas à la convenance de sa majesté impériale ; mais on n'en serait plus que le fermier, et le produit en serait dévoré par des nuées de commis ou de garnisaires. Le despotisme militaire écraserait les talens, le commerce et l'agriculture; et les mères n'enfanteraient que pour faire des victimes ou des janissaires.

J'ai dit que sous le règne actuel le renversement de nos institutions était impossible, parce que la force de résistance était au moins centuple de la force d'action; mais sous le gouvernement impérial la force d'action serait centuple de la force de résistance. Ainsi, lors même qu'il serait possible de supposer que le premier n'est pas mieux intentionné que le second, et que celui-ci donneraient les mêmes garanties que celui-là, le premier serait encore cent fois préférable.

Nous ne dissimulerons pas que le gouvernement actuel n'ait commis des fautes; mais à qui faut-il les imputer, et quels sont les hommes qui ont osé faire parvenir la vérité jusqu'au roi? Il en est quelques-uns sans doute; mais ils ont été en si petit nombre, que leur voix a été couverte par les clameurs des courtisans qui ont trouvé le moyen de les faire passer pour des factieux. S'il fallait mettre d'ailleurs en compensation les fautes des gouvernemens, j'ai peine à croire que celui qui a été déjà renversé eût beaucoup à gagner à ce compte.

Cependant Bonaparte s'avance avec ses soldats, et c'est avec des baïonnettes qu'il vient nous donner des lois, et qu'il nous apporte la liberté. Dans cette lutte terrible qui va s'engager, que deviendra la France? Reprendra-t-elle le joug sous lequel elle a si long-temps gémi, et sera-t-elle asservie par les mêmes hommes qui, jusqu'à ce jour, avaient versé leur sang pour la défendre? Nous osons espérer qu'elle ne succombera point; mais si, par un malheur que nous n'osons prévoir, elle était encore asservie, il nous resterait du moins la consolation d'avoir défendu sa liberté tant qu'il nous a été possible de nous faire entendre.

De l'imprimerie de RENAUDIERE, rue des Prouvaires, n°. 16.